Disney

Muziek

Disney
Educational
Productions

RUBINSTEIN

COLOFON

TEKST BOEKJE Peter Smit
VORMGEVING Roel Siebrand

PRODUCTIE EN DISTRIBUTIE RUBINSTEIN PUBLISHING BV, AMSTERDAM · ALLE RECHTEN VOORBEHOUDEN
TOTALE SPEELDUUR CA. 50 MINUTEN · © Disney 2006

Het stokje van de dirigent

Als Mickey Mouse in **The Band Concert** het orkest leidt, heeft hij een stokje in zijn hand. Zo'n stokje heet 'dirigeerstokje'. Met dat stokje laat Mickey de muzikanten weten wanneer ze moeten beginnen en of ze luider, of juist zachter moeten spelen. Vroeger hadden orkestleiders geen stokje maar een staf, die ongeveer net zo groot was als de staf van Sinterklaas. Met zo'n staf gebeurde er een keer een ernstig ongeluk, dat de Franse componist en orkestleider Jean-Baptiste Lully het leven kostte. Toen een muzikant een fout maakte gaf Lully met zijn staf een harde klap op de vloer, ten teken dat het orkest moest stoppen. Helaas raakte hij zijn eigen voet en kreeg hij een lelijke wond. Die wond raakte ontstoken en een paar weken later stierf Lully aan bloedvergiftiging. De Franse koning Lodewijk de Veertiende was heel treurig om de dood van Jean-Baptiste Lully, die een goede vriend van hem was. Hij bepaalde dat de dirigeerstaf voortaan vervangen moest worden door iets kleiners, het dirigeerstokje. Dit gebeurde meer dan 300 jaar geleden, in 1687, en het stokje is nog steeds in gebruik.

Opdracht: ***een groot orkest bestaat uit tientallen muzikanten. Kun je een aantal instrumenten noemen die deze muzikanten bespelen?***

Klassieke muziek voor kinderen

Er is ook voor kinderen veel klassieke muziek geschreven. De bekendste drie van die muziekwerken zijn:

- *Peter en de Wolf*, van de Russische componist Sergej Prokovjev
- *De Tovenaarsleerling*, van de Franse componist Dukas
- *Het Carnaval der Dieren* van de Franse componist Saint-Saëns

De muziek van *De Tovenaarsleerling* werd beroemd door de tekenfilm die Walt Disney bij deze muziek maakte. Het verhaal is een oude legende over een tovenaarsleerling die alvast gaat toveren terwijl hij eigenlijk nog een heleboel moet leren. Dat gaat natuurlijk goed mis. In de tekenfilm is Mickey Mouse de tovenaarsleerling. Door zijn overmoed komt Mickey in allerlei gevaarlijke en spannende avonturen terecht. En door de muziek worden die avonturen nóg spannender! Gelukkig loopt het verhaal uiteindelijk goed af.

Opdracht: ***luister naar het laatste stukje van De Tovenaarsleerling van Dukas. Kun je aan de muziek horen dat het verhaal goed afloopt? En kun je vertellen hóe je dat hoort?***

Peter en de Wolf werd door Prokovjev geschreven omdat hij wilde dat kinderen wisten hoe de verschillende instrumenten apart klonken. Maar hij wilde daar ook een spannend verhaal bij vertellen. Prokovjev nam een oud Russisch volksverhaal, over een jongen die in zijn eentje het bos in gaat om een wolf te vangen. Als zijn grootvader merkt dat Peter weg is gaat hij hem zoeken, met de hulp van de andere jagers van het dorp. Prokovjev gaf elke persoon en elk dier een apart instrument. Peter wordt gespeeld door snaarinstrumenten, de wolf door blaasinstrumenten en de jagers door slaginstrumenten.

Opdracht: ***voorbeelden van snaarinstrumenten zijn een viool, een cello en een gitaar. Kun je een aantal blaasinstrumenten opnoemen?***

Het verhaal van *Het Carnaval der Dieren* is heel merkwaardig. De componist Camille Saint-Saëns was, net als Wolfgang Amadeus Mozart, een wonderkind dat al op zijn vierde concerten gaf. Toen Saint-Saëns al lang volwassen was, schreef hij speciaal voor zijn nichtje het *Carnaval der Dieren*. Het zijn korte stukjes over o.a. hanen en kippen, vissen, schildpadden, leeuwen, olifanten en kangoeroes. Ook over uitgestorven dieren (fossielen) schreef Saint Saëns een stukje muziek! Hij hield deze muziek geheim omdat hij bang was dat de mensen hem anders niet meer serieus zouden nemen. Pas na zijn dood werd de muziek voor het eerst voor publiek gespeeld en... het was meteen

een groot succes! Tegenwoordig is het *Carnaval der Dieren* zelfs het meest bekende muziekstuk van Saint-Saëns.

Willem Tell, de held van Zwitserland

De *Ouverture Willem Tell* is geschreven door de operacomponist Gioacchino Rossini. Willem Tell was volgens het verhaal een Zwitserse boogschutter, die rond het jaar 1300 in opstand kwam tegen de wrede landvoogd Gessler. Deze landvoogd liet Willem Tell arresteren toen die weigerde om hem te groeten. Daarna bond de landvoogd de zoon van Willem Tell aan een paal en zette hij een appel op het hoofd van de jongen. Willem Tell moest vervolgens de appel met een pijl van het hoofd van zijn zoon schieten.
Toen dit lukte liet de landvoogd Willem Tell niet vrij, zoals hij eerder beloofd had. In plaats daarvan liet hij Willem Tell naar de gevangenis brengen, maar die wist onderweg te ontsnappen en begon een opstand om de landvoogd te verdrijven. Die opstand slaagde en Willem Tell werd de grote volksheld van Zwitserland.
Hoewel het niet zeker is of hij echt bestaan heeft zijn er veel boeken over Willem Tell geschreven. De Italiaanse componist Rossini las zo'n boek en besloot om van het verhaal een opera te maken. Het werd een 'opera buffa', wat 'vrolijke opera' betekent. En toen Walt Disney deze opera hoorde besloot hij om er een vrolijke tekenfilm van te maken!

Opdracht: ***bij welk bekend persoon zou jij muziek over zijn leven of avonturen willen maken? En voor welke soort muziek zou je dan kiezen (rap, pop, klassiek, jazz)?***

Maar niet voor Napoleon!

De beroemde Franse veldheer Napoleon inspireerde componist Ludwig van Beethoven voor het schrijven van zijn *Derde Symfonie*. Beethoven vond dat Napoleon in de landen die hij veroverde veel goede maatregelen invoerde. Maar toen Napoleon zichzelf tot keizer liet kronen was Beethoven heel teleurgesteld. Uit boosheid wilde hij de bladmuziek van zijn *Derde Symfonie* in het vuur gooien, maar dat werd verhinderd door zijn vrienden. Vervolgens droeg Beethoven de symfonie op aan 'Iemand die ooit een groot man was.'

Walt Disney, de held van de tekenfilm

Walt Disney was als kleine jongen al gek op tekenen. Zijn familie was heel arm, maar als hij eens een keer wat geld had kocht Walt meteen papier en potloden en tekende hij boerderijdieren en buurtkinderen na. Als Walt geen geld had, en dat was meestal, maakte hij met houtskool tekeningen op stukjes wc-papier! Na de lagere school nam Walt tekenlessen en ging hij voor een klein krantje spotprenten en stripverhalen tekenen. Hij ontmoette Ubbe Iwerks, een Nederlandse jongen die met zijn ouders naar Amerika was verhuisd. Ubbe wilde ook graag tekenaar worden en

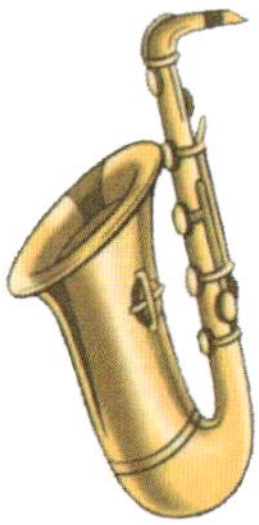

ze besloten om samen tekenfilmpjes te maken. In het begin ging dat niet goed. Walt en Ubbe wilden het allemaal heel mooi doen, wat veel papier en inkt kostte zodat ze bijna niets met hun filmpjes verdienden.
Walt en Ubbe gingen twee keer failliet, maar telkens begonnen ze opnieuw. En in 1928, na tien jaar ploeteren, kregen ze dan toch succes. Ze maakten een paar tekenfilms met een figuurtje dat ze zelf hadden bedacht: Mickey Mouse.
Een jaar later was Mickey Mouse over de hele wereld beroemd en kochten miljoenen mensen kaartjes om de tekenfilms te zien. In 2008 wordt Mickey dus 80 jaar oud!

Edison, de uitvinder van de fonograaf

De bekendste uitvinding van Thomas Alva Edison was de fonograaf, het eerste apparaat waarmee je geluid kon opnemen en weer afspelen. Al een paar jaar na hij dit apparaat had uitgevonden werd de fonograaf overal gebruikt om muziek te laten horen. Artiesten gingen platen opnemen en hun fans kochten die platen met honderdduizenden. Vreemd genoeg had Edison, die zelf doof was, de fonograaf helemaal niet uitgevonden om er muziek mee op te nemen.
Het apparaat leek hem handig voor gebruik op kantoren en in rechtbanken. Met de fonograaf kon je de verhoren en de vergaderingen opnemen, zodat die dan later door een typist(e) konden worden uitgetikt.

Opdracht: ***na de fonograaf werden er verschillende andere systemen bedacht om muziek op te nemen en weer af te spelen. De laatste van die systemen is de MP3. Weet je nog een paar andere systemen die tussen 1900 en 2000 gebruikt werden om muziek mee af te spelen?***

Disney + Edison = Fantasia

Terwijl Walt Disney de tekenfilm steeds beter maakte, waren anderen bezig om de fonograaf van Edison te verbeteren. Er kwamen geluidsfilms in de bioscoop en toen dat geluid zo goed was dat je er klassieke muziek mee kon laten horen kreeg Walt Disney een idee. Hij wilde een tekenfilm maken waarin de nieuwste tekenfilmtechnieken en de nieuwste geluidstechniek te zien en te horen zouden zijn!

Deze experimentele tekenfilm heette *Fantasia* en verscheen voor het eerst in 1940. Bij muziek van componisten als Bach, Beethoven, Tsjaikovski, Dukas, Schubert, Stravinsky en Moussorgsky maakte de Disney-studio animaties met o.a. Mickey Mouse, dansende krokodillen, een berg die levend wordt en een optocht met lampionnen.
De film was een enorm succes en werd later nog 2x opnieuw uitgebracht. Een van de bekendste stukjes uit *Fantasia* is *De Tove-*

naarsleerling. Wie de leerling van de tovenaar is weet je al (Mickey Mouse), maar weet je ook hoe de tovenaar heet? Die heet Yen Sid, oftewel Disney achterstevoren!

Opdracht: ***weet je van de componisten die de in Fantasia gebruikte muziek maakten de voornamen te noemen?***

Dankzij de Eerste Wereldoorlog

Toen Walt Disney 17 jaar was ging hij in militaire dienst. In Europa was toen de Eerste Wereldoorlog aan de gang en Walt werd erheen gestuurd om mee te vechten. Toen hij een uur aan het front was werd het vrede en kon hij weer naar huis. Op de terugweg maakte Walt tekeningen van wat hij om zich heen zag en die tekeningen verkocht hij als souvenir aan andere soldaten. Het was de eerste keer dat Walt met tekenen geld verdiende en terug in Amerika besloot hij om tekenaar van beroep te worden.

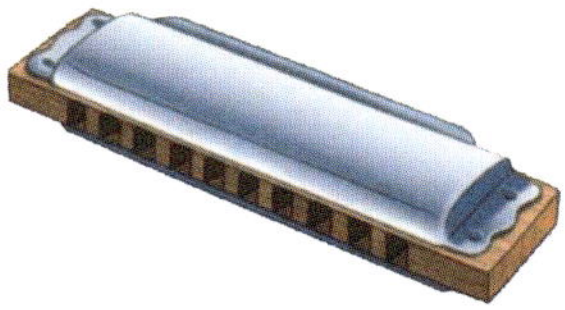

Een Franse pianist had minder geluk. Die raakte bij de gevechten zijn rechterhand kwijt. De Franse componist Maurice Ravel hoorde dit en vond het zó erg, dat hij meteen aan het werk ging. Hij componeerde een pianoconcert dat met de linkerhand gespeeld kon worden en noemde dit stuk dan ook: ‘pianoconcert voor de linkerhand.’ Het muziekstuk is nog steeds beroemd en staat op veel grammofoonplaten en cd’s!

De compositie met de knal

De Russische componist Tsjaikovski schreef de *Ouverture 1812* uit vreugde over de overwinning van het Russische leger op Napoleon. Aan het slot van *Ouverture 1812* wordt een kanon afgevuurd. Bij uitvoeringen van dit muziekstuk in de openlucht wordt daarvoor wel eens een echt kanon gebruikt, maar dat gaat helaas ook wel eens mis. Zo vielen er in Canada veertig gewonden toen het kruit te vroeg ontplofte en een steekvlam het publiek in schoot...

Andere gebeurtenissen waar je een tekenfilm over zou kunnen maken:

- de Spaanse pianist Parejas Obregon wilde een zomerconcert geven, waarbij hij met zijn piano op een vlonder boven een rivier hing. Helaas schoot er meteen al bij het begin een kabel los, waardoor de piano, de pianist en de vlonder in het water vielen...
- de Engelse violist Peter Copper viel voorover toen hij een buiging voor het publiek maakte. Zelf mankeerde hij niets, maar zijn viool was doormidden. Die viool was een echte Stradivarius, die meer dan 400.000 Euro waard was...
- bij een concert in de Engelse stad York kwam halverwege de avond opeens een man in astronautenpak de zaal in die *Happy Birthday to You* begon te zingen. De man kwam van een felicitatiedienst en had zich in het huisnummer vergist...

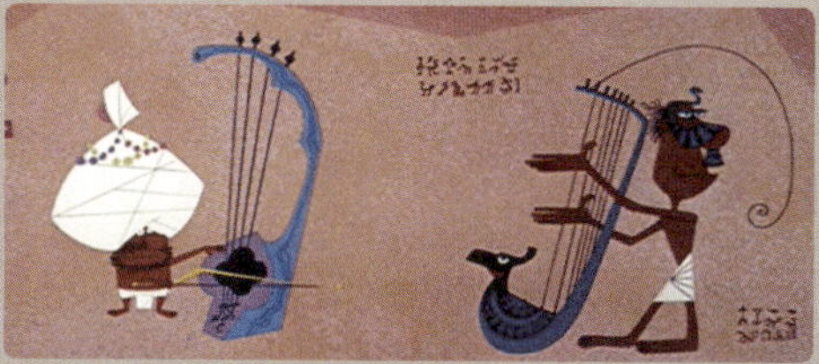

Mozart, het mega-wonderkind

Walt Disney begon al op zijn zesde jaar te tekenen, maar op die leeftijd was Wolfgang Amadeus Mozart al beroemd! Toen Mozart vier jaar was, kon hij al zo goed piano spelen dat mensen naar hem kwamen luisteren. En toen hij zes was, gaf hij een orgelconcert in de Duitse stad Wasserburg. Daarbij moest de kleine Mozart met zijn voeten op de pedalen van het orgel staan, omdat hij anders niet met zijn vingers bij de toetsen kon!
Toen Mozart negen was, schreef hij al zelf muziekstukken en had hij een Europese toernee door Frankrijk, Engeland, Duitsland en Nederland gemaakt. Mozart werd maar 35 jaar oud, maar bij zijn dood had hij meer muziekstukken geschreven dan componisten die meer dan tachtig werden, zoals Giuseppe Verdi, Richard Strauss en Igor Stravinsky!

Mozart en Beethoven

Mozart en Beethoven waren heel verschillende mensen. Mozart was altijd bezig met feestvieren en grappen uithalen, terwijl Beethoven juist altijd ernstig was en met iedereen ruzie maakte. Wel stierven zij allebei onder opvallende omstandigheden.
Mozart stierf terwijl hij het laatste stuk schreef van zijn beroemde

dodenmis, het Requiem. Toen Beethoven stierf klonk er opeens een zware donderslag, terwijl het verder helemaal niet onweerde.
Hun begrafenissen waren weer heel verschillend: bij Mozart waren er maar een paar mensen, bij Beethoven meer dan 30.000.

Roll over, Beethoven!

Over Mozart en Beethoven zijn later popsongs geschreven. De rock&roll-gitarist Chuck Berry had in 1956 een hit met *Roll over Beethoven* en de Oostenrijkse popmuzikant Falco had in de jaren '80 een hit met *Rock me, Amadeus*.
De Nederlandse popgroep Ekseption speelde in 1972 een stuk van Beethovens *Vijfde Symfonie*. Het werd een hit, maar veel Beethoven-liefhebbers werden er kwaad om. Toen een van hen zei: 'als Beethoven dit hoorde zou hij zich in zijn graf omdraaien' kreeg hij als antwoord: 'dan spelen we het nog een keer, dan ligt hij weer goed.'

Greensleeves, de hit van koning Hendrik

Vroeger werd de meeste muziek gemaakt in opdracht van koningen en andere edellieden. Er is ook een koning die zelf een bekend lied heeft gecomponeerd. Dat is de Engelse koning Hendrik de Achtste, die het lied *Greensleeves* schreef. Dit deed hij in het jaar 1530, toen hij verliefd werd op Anna Boleyn. Die liefde was snel afgelopen –

Anna Boleyn werd in 1536 in opdracht van Hendrik onthoofd – maar *Greensleeves* wordt nog steeds gespeeld. Het lied is door o.a. Rod Stewart, John Coltrane, Leonard Cohen, Enya en Jethro Tull op de plaat gezet.

Tekenfilmmuziek

Walt Disney is wereldberoemd geworden met zijn tekenfilms en zijn pretparken, maar hij heeft ook muziek gemaakt. Veel van de melodietjes die hij bedacht zijn in tekenfilms gebruikt. In Nederland zijn het geen hits geweest, maar in de Verenigde Staten hebben verschillende liedjes van Disney in de top tien gestaan. Wist je trouwens dat Walt Disney uit een familie van Franse ridders stamt? Oorspronkelijk heette die familie d'Isney en woonden ze in kastelen in Normandië. In het jaar 1066 trokken de Normandische ridders naar Engeland, waar ze een groot stuk land veroverden. Ze werden jammer genoeg geen koning. Anders zou de Mickey Mouse March door een andere Engelse koning zijn geschreven! Leuk om te weten is dat toen Walt Disney gevraagd werd om burgemeester van de stad Los Angeles te worden, hij als antwoord gaf: 'waarom zou ik burgemeester van Los Angeles worden als ik al koning ben van Disneyland?' Er zijn dus twee koningen die liedjes schrijven!

Aardappelmuziek

In de Amerikaanse stad New Orleans was het honderd jaar geleden mode om bij feesten een groepje jazzmuzikanten voor je huis heen en weer te laten lopen. Die jazzmuzikanten speel-

den dan op trompet of saxofoon en kregen daarvoor per persoon een of twee dollar.
Maar omdat veel mensen toen heel arm waren, liepen er ook wel eens mensen mee die helemaal niet konden spelen. Zo iemand heette een 'potato-man'. Potato is het Amerikaanse woord voor aardappel en als een potato-man een saxofoon te leen kreeg, werd daar eerst een aardappel in gestopt. Zo kon niemand horen dat de nepmuzikant eigenlijk geen noot kon spelen!

De Muzikant en de Oermensen

Toen de Duitse liederenschrijver Joachim Neumann succes kreeg vond hij zijn naam niet meer deftig genoeg. Hij liet zijn achternaam in 'Neander' veranderen en heette dus voortaan Joachim Neander. Hij stierf in het jaar 1680 en was toen zo beroemd dat de burgemeester besloot om een dal vlakbij het stadje voortaan 'Neanderthal' te noemen. Tweehonderd jaar later wist niemand meer wie Joachim Neander was, omdat zijn liederen uit de mode waren geraakt. Maar het naar hem genoemde dal werd wereldberoemd toen arbeiders daar de botten van een uitgestorven oermens vonden. Deze oermensen heten nu 'Neanderthalers', en zijn dus eigenlijk naar Joachim Neumann genoemd.